# EDITH STEIN
# IN DER KRAFT DES KREUZES

# EDITH STEIN

# IN DER KRAFT DES KREUZES

HERDER
FREIBURG · BASEL · WIEN

## Herausgegeben von Waltraud Herbstrith

Die Herausgeberin dieser Textauswahl ist Karmelitin (Sr. Teresia a Matre Dei) und bekannt geworden durch zahlreiche Veröffentlichungen über Edith Stein, große Heiligengestalten wie Teresa von Ávila, Johannes vom Kreuz, Theresia von Lisieux und die Spiritualität des Karmel.

Umschlagbild: „Kreuzesform", Farblinolschnitt (1971)
von Hermann Ober

Alle Rechte vorbehalten – Printed in Germany
© Verlag Herder Freiburg im Breisgau 1980
Imprimatur. – Freiburg im Breisgau, den 27. Februar 1980
Der Generalvikar: Dr. Schlund
Herstellung: Freiburger Graphische Betriebe 1980
ISBN 3-451-18851-1

# INHALT

Einleitung . . . . . . . . . . . . . . . . . . 7

I. An der Hand des Herrn . . . . . . . . 15

II. Die Frage nach dem Sein . . . . . . 33

III. Gebet – Meditation . . . . . . . . . . 49

IV. Eucharistisch leben . . . . . . . . . . . 71

V. Kreuz und Auferstehung . . . . . . . 95

Quellenverzeichnis . . . . . . . . . . . . . 119

# EINLEITUNG

Papst Johannes Paul II. hat im Juli 1979 seine Heimat Polen als Pilger aufgesucht. Er hat in Auschwitz besonders der Menschen gedacht, die wie Edith Stein und Maximilian Kolbe einem grausamen Rassenhaß zum Opfer fielen. Die Jüdin Edith Stein, deren Vorfahren in Polen eingewandert waren, und der polnische Priester Kolbe zeigten als Christen, wie man noch im Grauen der Vernichtung Licht ausstrahlen kann, brüderliche, schwesterliche Liebe.

„Ich komme, um mit euch zu beten", sagte der Papst in Auschwitz, „mit ganz Polen und mit ganz Europa." Ich komme, „um an diesem Golgotha der gegenwärtigen Welt niederzuknien, auf diesen in ihrer großen Mehrzahl namenlosen Gräbern ... Wir stehen an einem Ort, an dem wir von jedem Volk und von jedem Menschen als Bruder denken wollen. Und wenn in dem, was ich gesagt habe, auch Bitterkeit war, meine lieben Brüder und

Schwestern, habe ich das nicht gesagt, um irgend jemand anzuklagen. Ich habe das gesagt, um zu erinnern. Ich spreche nämlich nicht nur mit den Gedanken an diejenigen, die umkamen – an vier Millionen Opfer auf diesem riesigen Feld –, ich spreche im Namen aller, deren Rechte irgendwo auf der Welt mißachtet und vergewaltigt werden. Ich spreche, denn mich, uns alle verpflichtet die Wahrheit" (L'Osservatore Romano 9. Jg., Nr. 25, 22. Juni 1979, S. 11).

Die folgende Textauswahl aus Schriften und Briefen der Philosophin und Karmelitin Edith Stein soll uns aufzeigen, zu welcher Größe der Mensch berufen ist. Edith Stein kam aus einer jüdischen Familie. Die Frömmigkeit der Mutter wurde von den Geschwistern Stein geachtet, aber nicht nachvollzogen. Entscheidend für Edith Stein war von ihrer Studienzeit an die Suche nach Wahrheit. Wahrheit nicht nur als theoretische Erkenntnis, sondern als umfassende Grundeinstellung, die das ganze Leben mitgestaltet. Bis zu ihrem 21. Lebensjahr glaubte Edith Stein, sie könne die Wahrheit ohne Religion finden. Sie beschreibt den Zeit-

*Einleitung*

punkt, von dem an sie sich bewußt das Beten abgewöhnte. Sie suchte Wahrheit in der psychologischen und philosophischen Wissenschaft. Als Studentin setzte sie sich für die gleichwertige Behandlung der Frau ein und interessierte sich für Politik. Früh erkannte sie, daß Wissen zur Verantwortung verpflichtet, daß moralische Maßstäbe das eigene Leben zum Aufbau des Volkes und Staatswesens formen müssen.

Edith Stein war ein geistig wacher, sensibler Mensch, einfühlend darauf bedacht, dem Nächsten, der sie um Hilfe anging, beizustehen. Im Verwandten- und Freundeskreis galt sie wegen ihres festen und verschwiegenen Charakters schon in ihren Studienjahren als äußerst vertrauenswürdig. Durch die Begegnung mit den Philosophen Edmund Husserl, Max Scheler, Adolf Reinach, Hedwig Conrad-Martius, lernte Edith Stein die christliche Welt kennen. Husserl war evangelisch, Scheler konvertierte zum Katholizismus, Reinach und Conrad-Martius zum evangelischen Glauben. Edith Stein lernte den christlichen Glauben zuerst durch Begegnungen mit Menschen kennen und erst später durch Lektüre und Studium. Eine für sie überwältigende Erfahrung war, daß der Glaube an Jesus Christus aus bisher Fremden Gleichgesinnte und Freunde macht, daß er den Glaubenden eine Liebeskraft und Selbsterkenntnis schenkt, die Edith Stein bisher nicht gekannt hatte.

Auf ihrem Weg nach Wahrheit begann für Edith Stein seit 1916 ein Ringen um die Annahme des Kreuzes Christi. Eine blitzhafte Erkenntnis hatte sie beim Tod eines lieben Freundes die Kraft des Kreuzes erfahren lassen. Aber es bedurfte eines jahrelangen, inneren Kampfes, um die Existenz eines personalen, liebenden Gottes annehmen zu können. Bei der Lektüre ihrer phänomenologischen Arbeiten in den Husserl-Jahrbüchern finden wir Andeutungen, daß Edith Stein ihren Weg zu Christus als einen ‚mystischen‘ verstand. Sie analysiert einen Menschen, der in tiefer Existenznot unfähig ist, Entschlüsse zu fassen, und sie beschreibt die heilende und aufrichtende Erfahrung des ‚Einströmens eines transzendenten Friedens‘ in die Seele, den sie nur mit Gott identifizieren kann. Ihre

Lektüre der Autobiographie der spanischen Kirchenlehrerin Teresa von Ávila bestätigen ihr die eigenen Erfahrungen.
Edith Stein konvertierte 1922 zum Katholizismus und hatte den Wunsch, in den Orden Teresas von Ávila einzutreten. Ihre kurz zurückliegende Konversion sowie die Lage ihrer Familie – niemand von ihr konnte diesen Schritt verstehen – ließen sie die folgenden zehn Jahre ihr Leben als berufstätige Frau gestalten. Als Lehrerin und Dozentin in Speyer, als Sprecherin in Fragen der modernen Frauenbildung und als wissenschaftliche Dozentin in Münster versuchte Edith Stein als berufstätige Christin, die intensive Beziehung zu Gott und harte Anforderung von außen durch ihre Tätigkeit in eine fruchtbare Synthese zu bringen. Sie half vielen Menschen, ihr Leben neu zu sehen und aus der Nachfolge Christi zu leben.
Schon vor der Machtergreifung Hitlers wurde Edith Stein in Münster klar, welches Schicksal auf das europäische Judentum zukam. Sie bemerkte die Ausfälle verhetzter Studenten gegen Juden unter dem Einfluß des National-

sozialismus. Diese Erfahrungen schärften in ihr das Bewußtsein, etwas für ihr jüdisches Volk tun zu müssen. Sie hoffte auf eine Enzyklika des Papstes in der Judenfrage. Als sich dieser Wunsch nicht erfüllte, suchte sie weiter nach dem Eigentlichen, zu dem sie sich gerufen fühlte. Ihre fristlose Entlassung im Frühjahr 1933, die sie mit vielen ihrer jüdischen Mitbürger auf sich nehmen mußte, eröffnete ihr plötzlich einen neuen Weg. Sie lehnte ein Angebot nach Südamerika ab, ebenso die Möglichkeit, in Erwartung besserer Zeiten, in Münster still wissenschaftlich weiterzuarbeiten. Am 14. Oktober 1933 trat Edith Stein in den Kölner Karmel ein.
Als Jüdin und Christin fühlte sich Edith Stein berufen, stellvertretend für ihr Volk durch Gebet und Opfer vor Gott einzustehen. Sie glaubte, dies am besten im Karmel tun zu können. Karmel war für sie ein Hineingehen in die Selbstentäußerung Jesu, Anteilnehmen an seinem Erlösungswerk. Die Diskriminierung, die ihrem jüdischen Volk zuteil wurde, sah sie als eine Anteilnahme am Kreuz Christi. Die Verfolgung der Juden war für Edith

Stein die Verfolgung der Menschheit Jesu. In der Nachfolge Jesu sah sie die Möglichkeit, das Böse durch das Gute zu überwinden. Diese Überwindung hieß für sie, nicht dem Leiden zu entkommen, sondern es in der Kraft des Kreuzes auf sich zu nehmen, solidarisch mit und für die anderen.

Zu Edith Steins Leiderfahrung gehörte es, daß ihre jüdische Familie ihren Schritt in ein kontemplatives Kloster als Flucht vor der Wirklichkeit ansah, als Treulosigkeit gegen die Verfolgten. Edith Stein ließ sich jedoch auf ihrem Weg nicht beirren. Nach neunjährigem Ordensleben im Karmel in Köln und Echt/Holland wurde ihr zuteil, was sie bis dahin im verborgenen lebte: Hingabe für die Brüder im Zeugnis für Jesus Christus.

Am 2. August 1942 wurden Edith Stein und ihre Schwester Rosa Stein in Echt von der Gestapo verhaftet und in das Auffanglager Amersfoort verschleppt. Am 7. August 1942 wurde sie mit zahllosen jüdischen Mithäftlingen in das Vernichtungslager Auschwitz in Polen deportiert. Sie starb, nach allen bisher vorliegenden Zeugenaussagen, am

9. August 1942 den Vergasungstod in Auschwitz-Birkenau.
Die Worte des 1958 verstorbenen Reinhold Schneider haben auch heute noch Gültigkeit: „So ist Edith Stein eine große Hoffnung, ja eine Verheißung für ihr Volk – und für unser Volk, gesetzt, daß diese unvergleichliche Gestalt wirklich in unser Leben tritt; daß uns erleuchtet, was sie erkannt, und die Größe und das Schreckliche ihres Opfers beide Völker bewegt."

Edith-Stein-Karmel, Tübingen,
am Fest Maria vom Berge Karmel 1979

*Waltraud Herbstrith*

# I
# AN DER HAND DES HERRN

Es ist im Grunde immer eine kleine, einfache Wahrheit, die ich zu sagen habe: wie man es anfangen kann, an der Hand des Herrn zu leben. Wenn dann die Leute ganz etwas anderes von mir verlangen und mir geistreiche Themen stellen, die mir sehr fern liegen, dann kann ich sie nur als Einleitung nehmen, um schließlich auf mein Ceterum censeo zu kommen. Vielleicht ist das eine sehr anfechtbare Methode. Meine ganze Rednertätigkeit ist so über mich hereingebrochen, daß ich noch gar nicht prinzipiell darüber nachgedacht habe. Wahrscheinlich werde ich das einmal tun müssen.

BI 87

Wenn man so oft zusammen beim Heiland gewesen ist wie wir beide, dann darf man ruhig auch einmal davon miteinander sprechen. Gäbe es nur recht viele Menschen, mit denen man das könnte, ohne fürchten zu müssen, daß etwas Heiliges entweiht wird! Laß Dir ruhig so viel Zeit in der Kirche, wie Du nötig hast, um Ruhe und Frieden zu finden.

Das kommt dann nicht bloß Dir zugute, sondern auch der Arbeit und allen Menschen, mit denen Du zu tun hast. BI 89

Daß in manchen Fragen die Verständigung zwischen der älteren und der jüngeren Generation Schwierigkeiten macht, haben wir ja in München gesehen. Trotzdem soll man sich bemühen, den Zusammenhang zu erhalten. Man wird doch immer lernen, wenn man die Auffassungen der Älteren vorurteilslos anhört und durchdenkt, und erst recht von ihrer Erfahrung. BI 90

Gott führt jeden seine eigenen Wege, einer kommt leichter und schneller zum Ziel als der andere. Was wir tun können, ist im Verhältnis zu dem, was an uns getan wird, in der Tat wenig. Aber das Wenige müssen wir tun. Das ist vor allem: beharrlich beten um den rechten Weg und dem Zug der Gnade, wenn er spürbar wird, ohne Widerstand folgen. Wer so vorgeht und geduldig ausharrt, der wird nicht sagen dürfen, daß seine Bemühungen umsonst seien. Nur darf man dem Herrn keine Frist setzen. BI 98


Die Frage, ob Orden oder freier Verband oder auch ganz einsames Leben im Dienste Gottes, läßt sich nicht allgemein lösen, sondern nur für jeden persönlich. Die Mannigfaltigkeit der Orden, Kongregationen und freien Verbände ist kein Zufall und keine Verirrung, sondern entspricht der Mannigfaltigkeit der Zwecke und der Menschen. Es ist nicht jeder für alles tauglich, es kann auch nicht ein Verband oder eine Organisationsform alles leisten. Ein Leib – aber viele Glieder. Ein Geist – aber viele Gaben. Wo der einzelne hingehört, das ist seine Berufsfrage und Deine wichtigste Frage jetzt nach der Prüfung. Die Berufsfrage wird nicht allein durch Selbstprüfung und Prüfung der möglichen Wege gelöst. Die Lösung muß erbetet werden – das weißt Du – und in vielen

Fällen auf dem Wege des Gehorsams gesucht werden. Diesen Rat habe ich schon einige Male gegeben, und die Betreffenden sind so zur Ruhe und Klarheit gekommen. BI 101


Es gibt eine Berufung zum Leiden mit Christus und dadurch zum Mitwirken mit seinem Erlösungswerk. Wenn wir mit dem Herrn verbunden sind, so sind wir Glieder am mystischen Leib Christi; Christus lebt in seinen Gliedern fort und leidet in ihnen fort; und das in Vereinigung mit dem Herrn ertragene Leiden ist sein Leiden, eingestellt in das große Erlösungswerk und darin fruchtbar. Es ist ein Grundgedanke alles Ordenslebens, vor allem aber des Karmellebens, durch freiwilliges und freudiges Leiden für die Sünder einzutreten und an der Erlösung der Menschheit mitzuarbeiten. BI 125


Jetzt möchte ich Dir nur noch viel Geduld wünschen für die Leidenszeit und den letzten Trost, auf den ich Dich schon manchmal hinweisen mußte: daß der Weg des Leidens der erprobteste ist zur Vereinigung mit dem Herrn. Die erlösende Kraft des freudig ertragenen Leidens ist so nötig gerade für unsere Zeit. Ich bitte Dich auch besonders um Dein Gebet für meine Angehörigen. BI 145

In der Zeit unmittelbar vor und noch eine ganze Weile nach meiner Konversion habe ich gemeint, ein religiöses Leben führen heiße alles Irdische aufgeben und nur im Gedanken an göttliche Dinge leben. Allmählich habe ich aber einsehen gelernt, daß in dieser Welt anderes von uns verlangt wird und daß selbst im beschaulichsten Leben die Verbindung mit der Welt nicht durchschnitten werden darf; ich glaube sogar: je tiefer jemand in Gott hineingezogen wird, desto mehr muß er auch in diesem Sinn „aus sich herausgehen", d.h. in die Welt hinein, um das göttliche Leben in sie hineinzutragen.

Es kommt nur darauf an, daß man zunächst einmal in der Tat einen stillen Winkel hat, in

dem man mit Gott so verkehren kann, als ob
es sonst überhaupt nichts gäbe, und das
täglich: das Gegebene scheinen mir die Morgenstunden, ehe die Tagesarbeit beginnt; ferner, daß man seine besondere Mission dort
bekommt, am besten für jeden Tag, und auch
nichts selbst wählt; schließlich, daß man sich
ganz und gar als Werkzeug betrachtet und
speziell die Kräfte, mit denen man besonders
arbeiten muß, z. B. den Verstand in unserem
Fall, als etwas, was nicht wir brauchen,
sondern Gott in uns. BI 54/5


Es gibt Dinge, in denen man sich besser ohne
Worte versteht. Ich weiß, daß niemand in
St. Magdalena treuer meine Freuden und Leiden teilt als Sie. Denken Sie sich nur nicht die
Leiden zu groß und die Freuden zu gering. Der
Himmel nimmt einem nichts, ohne es unermeßlich zu vergelten. BI 53

Ich glaube, Sie können den andern am besten helfen, wenn Sie sich möglichst wenig darüber den Kopf zerbrechen, wie Sie es tun sollen, sondern möglichst unbefangen und fröhlich sind. BI 53

Natürlich ist Religion nicht etwas für den stillen Winkel und für einige Feierstunden, sondern sie muß, wie Sie es ja selbst empfinden, Wurzel und Grund alles Lebens sein, und das nicht nur für wenige Auserwählte, sondern für jeden wirklichen Christen. BI 54

Mein Leben beginnt jeden Morgen neu und endet jeden Abend; Pläne und Absichten darüber hinaus habe ich keine; d. h., es kann natürlich zum Tagewerk gehören, vorauszudenken – ein Schulbetrieb z. B. ist ja ohne dies nicht möglich –, aber eine „Sorge" für den kommenden Tag darf es nie sein. BI 55

S. Petri ad vinc. (St. Petrus in den Ketten) ist mir auch ein besonders liebes Fest, nicht als ein Gedenktag, sondern im Sinne der Lösung von Fesseln durch Engelshand. Wie viele Fesseln sind schon so gelöst worden, und wie selig wird es sein, wenn die letzten fallen. Bis dahin muß man still in denen aushalten, die einem noch beschieden sind – je stiller, desto weniger spürt man davon. Und man darf ja den Engeln nicht ins Handwerk pfuschen.

BI 65


Besondere Mittel wende ich zur Verlängerung der Arbeitszeit nicht an. Ich tu', soviel ich kann. Das Können steigert sich offenbar mit der Menge der notwendigen Dinge. Wenn nichts Brennendes vorliegt, hört es viel früher auf. Der Himmel versteht sich sicher auf die Ökonomie. Was also bei Ihnen nach neun Uhr kommt, ist offenbar nicht mehr notwendig. Daß es in der Praxis nicht glatt nach den Vernunftgesetzen geht, liegt daran, daß wir nicht reine Geister sind. Es hat keinen Sinn, dagegen zu rebellieren.

O Herre Gott, wollst geben mir
Alles, was mich führt hin zu Dir.

O Herre Gott, nimm weg von mir
Alles, was mich wendet ab von Dir.

O Herre Gott, nimm mich auch von mir
und gib mich ganz zu eigen Dir.  BI 71f


Die heutige, junge Generation ist durch so viel Krisen hindurchgegangen – sie kann uns nicht mehr verstehen, aber wir müssen versuchen, sie zu verstehen; dann können wir ihr vielleicht noch ein bißchen helfen.  BI 120


Gottes Gnadenführung ist mir in den letzten Wochen wieder besonders deutlich geworden. Ich glaube, meine Aufgabe klarer und bestimmter zu sehen. Das heißt freilich auch, meine völlige Unzulänglichkeit immer tiefer einzusehen, aber zugleich die Möglichkeit, trotz dieser Unzulänglichkeit Werkzeug zu sein.  BI 129

Was Sie über die kleine Theresia (von Lisieux) schrieben, hat mich überrascht. Ich habe daraus erst gesehen, wie man es von dieser Seite sehen kann. Mein Eindruck war nur der, daß hier ein Menschenleben einzig und allein von der Gottesliebe bis ins letzte durchgeformt ist. Etwas Größeres kenne ich nicht und davon möchte ich soviel wie möglich in mein Leben hineinnehmen und in das aller, die mir nahestehen.

BI 133

Man kann sich nur bemühen, das Leben, das man erwählt hat, immer treuer und reiner zu leben, um es als ein annehmbares Opfer für alle, denen man verbunden ist, darzubringen. Das Vertrauen, das auf uns gesetzt wird, die fast erschreckend hohe Meinung, die so viele draußen von unserm Leben haben, ist ein immer neuer Ansporn dazu.

BI 159

Ich bin nur ein Werkzeug des Herrn. Wer zu mir kommt, den möchte ich zu ihm führen. Und wo ich merke, daß es nicht darum geht, sondern daß das Interesse meiner Person gilt, da kann ich als Werkzeug nicht dienen und muß den Herrn bitten, daß er auf andern Wegen helfen möchte, er ist ja niemals nur auf den einen angewiesen.

BI 77

Wenn etwas in Erfüllung geht, was man lange beharrlich erbetet hat, so ist es mir immer fast noch überwältigender als eine sofortige Erhörung.

BII 5

Meine Betrachtungen sind keine hohen Geistesflüge, sondern meist sehr bescheiden und einfach. Das Beste daran ist die Dankbarkeit dafür, daß mir dieser Platz als irdische Heimat und Stufe zur ewigen Heimat geschenkt ist.

BII 18

Das Vertrauen, daß etwas von unserem Frieden und unserer Stille hinausströmt in die Welt und denen beisteht, die noch auf der Pilgerschaft sind, kann mich allein darüber beruhigen, daß ich vor so vielen Würdigeren in diese wunderbare Geborgenheit berufen wurde. Sie können sich gar nicht denken, wie tief es mich jedesmal beschämt, wenn jemand von unserem „Opferleben" spricht. Ein Opferleben habe ich geführt, solange ich draußen war. Jetzt sind mir fast alle Lasten abgenommen, und ich habe in Fülle, was mir sonst fehlte. Freilich gibt es Schwestern bei uns, von denen täglich große Opfer verlangt werden. Und ich erwarte ja, daß ich auch einmal mehr von meiner Kreuz-Berufung spüren werde als jetzt, wo ich noch einmal vom Herrn als kleines Kind behandelt werde.

BII 28


Über die Frage, wie ich mich an die Einsamkeit gewöhnt habe, mußte ich ein wenig lächeln. Ich bin die meiste Zeit meines Lebens viel einsamer gewesen als hier. Ich vermisse nichts, was draußen ist, und habe alles, was ich draußen vermißte, so daß ich nur immer für die ganz unverdiente übergroße Gnade der Berufung danken muß. BII 30


Welch unermeßliche Schatzkammer ist die Heilige Schrift! BII 41


Ich bin seit einigen Wochen zur philosophischen Arbeit zurückgekehrt und stehe vor einer großen Aufgabe, für die mir sehr, sehr vieles fehlt, was dazu nötig wäre. Wenn ich nicht auf den Segen des heiligen Gehorsams vertrauen dürfte und darauf, daß der Herr auch durch ein ganz schwaches und untaugliches Werkzeug etwas ausrichten kann, wenn es ihm gefällt, dann müßte ich das Rennen aufgeben. So tue ich, was ich kann, und laß mir immer wieder vor dem Tabernakel den Mut aufrichten, wenn er mir von der Gelehrsamkeit anderer Leute erdrückt worden ist.

BII 42

Gewöhnlich bekommt man ein schwereres Kreuz, wenn man sein altes loswerden will.

BII 72

Eben bekam ich diesen Ambrosiustext: „Alles tut Gott zur rechten Zeit. Was immer er tut, ist nicht außerhalb der Zeit, sondern durchaus im günstigen Augenblick – und kommt für mich zur rechten Zeit." BII 75

Es hat mir immer sehr fern gelegen, zu denken, daß Gottes Barmherzigkeit sich an die Grenzen der sichtbaren Kirche binde. Gott ist die Wahrheit. Wer die Wahrheit sucht, der sucht Gott, ob es ihm klar ist oder nicht. BII 102

Was wir von der eigenen Geschichte manchmal zu verstehen glauben, ist doch immer nur ein flüchtiger Reflex von dem, was Gottes Geheimnis bleibt bis zu dem Tag, an dem alles offenbar wird. Meine große Freude ist die Hoffnung auf die künftige Klarheit. Der Glaube an die geheime Geschichte muß uns auch immer stärken, wenn das, was wir äußerlich zu sehen bekommen (an uns selbst und an anderen), uns den Mut nehmen möchte. BII 157


Ich denke, auf alle Fälle ist es ein sehr sicherer Weg, von sich aus alles zu tun, um ein leeres Gefäß für die göttliche Gnade zu werden. BII 116


Gott ist ja in uns, die ganze Allerheiligste Dreifaltigkeit. Wenn wir es nur verstehen, uns im Innern eine wohlverschlossene Zelle zu bauen und uns so oft wie nur möglich dahin zurückzuziehen, dann kann uns an keinem Ort der Welt etwas fehlen. BII 118

# II
# DIE FRAGE NACH DEM SEIN

*Die Frage nach dem Sein*

Der Mensch verlangt nach dem immer neuen Beschenktwerden mit dem Sein, um das ausschöpfen zu können, was der Augenblick ihm zugleich gibt und nimmt. Was ihm Fülle gibt, das will er nicht lassen, und er möchte ohne Ende und ohne Grenzen sein, um es ganz und ohne Ende zu besitzen. Freude ohne Ende, Glück ohne Schatten, Liebe ohne Grenzen, höchst gesteigertes Leben ohne Erschlaffen, kraftvollste Tat, die zugleich vollendete Ruhe und Gelöstheit von allen Spannungen ist – das ist ewige Seligkeit... Das ist das Sein, um das es dem Menschen in seinem Dasein geht.

WP 110

Der unleugbaren Tatsache, daß mein Sein ein flüchtiges, von Augenblick zu Augenblick gefristetes und der Möglichkeit des Nichtseins ausgesetztes ist, entspricht die andere ebenso unleugbare Tatsache, daß ich trotz dieser Flüchtigkeit bin und von Augenblick zu Augenblick im Sein erhalten werde und in meinem flüchtigen Sein ein dauerndes umfasse. Ich weiß mich gehalten und habe darin Ruhe und Sicherheit – nicht die selbstgewisse Sicherheit des Mannes, der in eigener Kraft auf festem Boden steht, aber die süße und selige Sicherheit des Kindes, das von einem starken Arm getragen wird – eine, sachlich betrachtet, nicht weniger vernünftige Sicherheit. Oder wäre das Kind „vernünftig", das beständig in der Angst lebte, die Mutter könnte es fallen lassen? EE 56

Ich stoße also in meinem Sein auf ein anderes, das nicht meines ist, sondern Halt und Grund meines in sich haltlosen und grundlosen Seins. Auf zwei Wegen kann ich dahin gelangen, in diesem Grund meines Seins, auf den ich in mir selbst stoße, das ewige Sein zu erkennen. Das eine ist der Weg des Glaubens: wenn Gott sich offenbart als der Seiende, als Schöpfer und Erhalter, und wenn der Erlöser sagt: „Wer an den Sohn glaubt, der hat das ewige Leben", so sind das lauter klare Antworten auf die Rätselfrage meines eigenen Seins. Und wenn er mir durch den Mund des

Propheten sagt, daß er treuer als Vater und
Mutter zu mir stehe, ja daß er die Liebe selbst
sei, dann sehe ich ein, wie „vernünftig" mein
Vertrauen auf den Arm ist, der mich hält, und
wie töricht alle Angst vor dem Sturz ins Nichts
– wenn ich mich nicht selbst aus dem bergenden
Arm losreiße.                              EE 57


Es liegt im Sinn der Schöpfung, daß das
Erschaffene kein vollkommenes Abbild sein
kann, sondern nur ein „Teilbild", ein „gebrochener
Strahl": Gott, der Ewige, Unerschaffene
und Unendliche, kann nicht seinesgleichen
erschaffen, weil es kein zweites Ewiges,
Unerschaffenes und Unendliches geben
kann.                                      EE 321


Das innerste Wesen der Liebe ist Hingabe.
Gott, der die Liebe ist, verschenkt sich an die
Geschöpfe, die er zur Liebe geschaffen hat.
                                           EE 383

Liebe aber ist Leben in der höchsten Vollendung: Sein, das sich ewig hingibt, ohne eine Verminderung zu erfahren, unendliche Fruchtbarkeit.  EE 386

Das Herz ist die eigentliche Lebensmitte. Wir bezeichnen damit das leibliche Organ, an dessen Tätigkeit das leibliche Leben gebunden ist. Aber es ist uns ebenso geläufig, darunter das Innere der Seele zu verstehen, offenbar weil das Herz am stärksten an dem beteiligt ist, was im Inneren der Seele vorgeht, weil der Zusammenhang von Leib und Seele nirgends deutlicher zu spüren ist.

Im Inneren ist das Wesen der Seele nach innen aufgebrochen. Wenn das Ich hier lebt – auf dem Grunde seines Seins, wo es eigentlich zu Hause ist und hingehört –, dann spürt es etwas vom Sinn seines Seins und spürt seine gesammelte Kraft vor ihrer Teilung in einzelne Kräfte. Und wenn es von hier aus lebt, so lebt es ein volles Leben und erreicht die Höhe seines Seins. Was an Gehalten von außen aufgenommen wird und bis hierher vordringt, das bleibt nicht nur gedächtnismäßiger Besitz, sondern kann „in Fleisch und Blut" übergehen. So kann es zum lebenspendenden Kraftquell in ihr werden. Es ist allerdings auch möglich, daß Wesensfremdes eindringt, was am Leben der Seele zehrt und ihr zur tödlichen Gefahr wird, wenn sie nicht alle ihre Kraft zusammennimmt und es ausscheidet.

EE 402


Das Gewissen offenbart, wie die Taten in der Tiefe der Seele verwurzelt sind, und es bindet das Ich – trotz seiner freien Beweglichkeit – in die Tiefe zurück: die Stimme aus der Tiefe ruft es immer wieder dahin, wo es hingehört, um Rede und Antwort zu stehen über sein Tun und sich zu überzeugen, was es damit bewirkt hat – denn die Taten lassen ihre Spuren in der Seele zurück, sie ist nachher in einer anderen Verfassung, als sie vorher war. Die Seele ist etwas in sich: das, als was sie Gott in die Welt gesetzt hat. Und dieses Was hat seine eigentümliche Beschaffenheit, die dem ganzen Leben, in dem es sich entfaltet, einen eigenen Stempel aufprägt: sie macht es, daß – wenn zwei dasselbe tun – es doch nicht dasselbe ist. Was und wie sie ist, das spürt die Seele in ihrem Inneren, in jener dunklen und unsagbaren Weise, die ihr das Geheimnis ihres Seins als Geheimnis zeigt, ohne es zu enthüllen. Sie trägt überdies in ihrem Was die Bestimmung dessen, was sie werden soll: durch das, was sie empfängt und was sie tut. Sie spürt, ob das, was sie in sich aufnimmt, mit ihrem eigenen Sein verträglich und dafür förderlich ist oder nicht, und ob das, was sie tut, im Sinne ihres Seins ist oder nicht. Und dem entspricht die Verfassung, in der sie sich nach jeder Berührung und Auseinandersetzung mit der Welt „befindet".

EE 406

Das ist es aber, was die Kenner des inneren Lebens zu allen Zeiten erfahren haben: sie wurden in ihr Innerstes hineingezogen durch etwas, was stärker zog als die ganze äußere

Welt; sie erfuhren dort den Einbruch eines neuen, mächtigen, höheren Lebens, des übernatürlichen, göttlichen. „... Suchst du wohl einen hohen Ort, einen heiligen Ort, so biete dich innen als Tempel Gottes. ,Denn der Tempel Gottes ist heilig, und der seid ihr.' Im Tempel willst du beten? In dir bete. Aber zuvor sollst du Tempel Gottes sein, weil er in seinem Tempel hört auf den Beter." „... Ruf mich zurück aus Irrsalen: Du sei Führer – und ich gehe zurück in mich und in dich." Die mystische Begnadung gibt als Erfahrung, was der Glaube lehrt: die Einwohnung Gottes in der Seele. Wer, von der Glaubenswahrheit geleitet, Gott sucht, der wird sich in freiem Bemühen eben dahin aufmachen, wohin der mystisch Begnadete gezogen wird: sich aus den Sinnen und den „Bildern" des Gedächtnisses, ja selbst noch aus der natürlichen Tätigkeit des Verstandes und Willens zurückziehen in die leere Einsamkeit seines Inneren, um dort zu verweilen im dunklen Glauben – in einem schlichten liebenden Aufblick des Geistes zu dem verborgenen Gott, der verhüllt gegenwärtig ist. Hier wird er in tiefem Frieden

– weil am Ort seiner Ruhe – verharren, bis es dem Herrn gefällt, den Glauben in Schauen zu verwandeln.

EE 407f

Es liegt im Wesen des Menschen, daß jeder einzelne und das ganze Geschlecht das, wozu es seiner Natur nach bestimmt ist, erst in einer zeitlichen Entfaltung werden muß und daß diese Entfaltung an das freie Mitwirken jedes einzelnen und das Zusammenwirken aller gebunden ist.

EE 481

Das schlußfolgernde Denken prägt scharfe Begriffe, aber auch die vermögen den Unfaßlichen nicht zu fassen, ja sie rücken ihn in die Ferne, die allem Begrifflichen eigen ist. Mehr als der Weg des philosophischen Erkennens gibt uns der Weg des Glaubens: den Gott der persönlichen Nähe, den Liebenden und Erbarmenden, und eine Gewißheit, wie sie keiner natürlichen Erkenntnis eigen ist. Aber auch

der Weg des Glaubens ist ein dunkler Weg.
Gott selbst stimmt seine Sprache zu menschlichen Maßen herab, um uns das Unfaßliche
faßlicher zu machen. EE 58



Der Glaube ist ein „dunkles Licht". Er gibt
uns etwas zu verstehen, aber nur um uns auf
etwas hinzuweisen, was für uns unfaßlich
bleibt. Weil der letzte Grund alles Seienden
ein unergründlicher ist, darum rückt alles,
was von ihm her gesehen wird, in das „dunkle
Licht" des Glaubens und des Geheimnisses.
EE 25f



Gott annehmen, heißt, sich Gott im Glauben
zuwenden oder „zu Gott hin glauben", Gott
zustreben. So ist der Glaube ein Ergreifen
Gottes. Das Ergreifen aber setzt ein Ergriffenwerden voraus: wir können nicht glauben
ohne Gnade. Und Gnade ist Anteil am göttlichen Leben. Wenn wir uns der Gnade öffnen,

den Glauben annehmen, haben wir den Anfang des ewigen Lebens in uns. EE 28


Der Glaube steht der göttlichen Weisheit näher als alle philosophische und selbst theologische Wissenschaft. Weil uns aber das Gehen im Dunkeln schwer wird, darum ist jeder Strahl des Lichtes, das als ein Vorbote der künftigen Klarheit in unsere Nacht fällt, eine unschätzbare Hilfe, um an unserm Weg nicht irre zu werden. EE 29


Was nicht in meinem Plan lag, das hat in Gottes Plan gelegen. Und je öfter mir so etwas begegnet, desto lebendiger wird in mir die Glaubensüberzeugung, daß es – von Gott her gesehen – keinen Zufall gibt, daß mein ganzes Leben bis in alle Einzelheiten im Plan der göttlichen Vorsehung vorgezeichnet und vor Gottes allsehendem Auge ein vollendeter Sinnzusammenhang ist. Dann beginne ich mich auf das Licht der Glorie zu freuen, in dem auch mir dieser Sinnzusammenhang entschleiert werden soll.

EE 110


Gott verlangt nichts vom Menschen, ohne ihm zugleich die Kraft dafür zu geben. Der Glaube lehrt es, und die Erfahrung des Lebens aus dem Glauben bestätigt es. Das Innerste der Seele ist ein Gefäß, in das der Geist Gottes (das Gnadenleben) einströmt, wenn sie sich ihm kraft ihrer Freiheit öffnet. Und Gottes Geist ist Sinn und Kraft. Er gibt der Seele neues Leben und befähigt sie zu Leistungen, denen sie ihrer Natur nach nicht gewachsen wäre, und er weist zugleich ihrem Tun die Richtung. Im Grunde ist jede sinnvolle Forderung, die mit verpflichtender Kraft vor die Seele tritt, ein Wort Gottes. Es gibt ja keinen Sinn, der nicht im Logos seine ewige Heimat hätte. Und wer ein solches Wort Gottes bereitwillig in sich aufnimmt, der empfängt eben damit die göttliche Kraft, ihm zu entsprechen. Jeder Zuwachs an Gnade ist aber auch eine Stärkung des geistigen Seins und erschließt der Seele ein reicheres und feineres Verständnis für das göttliche Wort, für den übernatürlichen Sinn, der aus allem Geschehen spricht und der sich auch als „Einsprechung" in ihrem Inneren vernehmlich macht. Darum ist die Seele, die sich kraft ihrer Freiheit auf den Geist Gottes oder auf das Gnadenleben stützt, zu einer vollständigen Erneuerung und Umwandlung fähig. EE 409

Die Liebe ist ihrem letzten Sinn nach Hingabe des eigenen Seins und Einswerden mit dem Geliebten. Den göttlichen Geist, das göttliche Leben, die göttliche Liebe – und das alles heißt nichts anderes als: Gott selbst – lernt kennen, wer den Willen Gottes tut. Denn indem er mit innerster Hingabe tut, was Gott von ihm verlangt, wird das göttliche Leben sein inneres Leben: er findet Gott in sich, wenn er bei sich einkehrt. EE 410f

Gott – und er allein – umfaßt jeden geschaffenen Geist ganz: wer sich ihm hingibt, der gelangt in der liebenden Vereinigung mit ihm zur höchsten Seinsvollendung, zu jener Liebe, die zugleich Erkenntnis, Herzenshingabe und freie Tat ist. Sie ist ganz Gott zugewendet, aber in der Vereinigung mit der göttlichen Liebe umfaßt der geschaffene Geist auch erkennend, selig und frei bejahend sich selbst. Die Hingabe an Gott ist zugleich Hingabe an das eigene gottgeliebte Selbst und die ganze Schöpfung, namentlich an alle gottgeeinten Geistwesen. EE 420


Öffnet die Seele sich in ihrem Innersten dem Einstrom des göttlichen Lebens, dann wird sie selbst und durch sie der Leib zum Bilde des Sohnes Gottes geformt, und es gehen von ihr „Ströme lebendigen Wassers" aus, die dahin wirken, das Angesicht der Erde aus dem Geist zu erneuern. Der Menschengeist, der vom göttlichen Geist durchdrungen und geleitet ist, erkennt im göttlichen Licht die Urgestalt der Schöpfung unter den entstellenden Hüllen und kann an ihrer Wiederherstellung mitarbeiten.

EE 426

# III
# GEBET – MEDITATION

Sollte es wirklich nicht möglich sein, eine Morgenstunde herauszusparen, in der man sich nicht zerstreut, sondern sammelt, in der man sich nicht verbraucht, sondern Kraft gewinnt, um den ganzen Tag damit zu bestreiten?

Aber freilich, es ist mehr erforderlich als die eine Stunde. Man muß von einer solchen Stunde zur anderen so leben, daß man wiederkommen darf. Es ist nicht mehr möglich, „sich gehenzulassen", wenn auch nur zeitweise. Mit wem man täglich umgeht, dessen Urteil kann man sich nicht entziehen. Selbst wenn kein Wort gesagt wird, fühlt man, wie die anderen zu einem stehen. Man wird versuchen, sich der Umgebung anzupassen, und wenn es nicht möglich ist, wird das Zusammenleben zur Qual.

So geht es auch im täglichen Verkehr mit dem Herrn. Man wird immer feinfühliger für das, was ihm gefällt und mißfällt. Wenn man vorher im großen und ganzen recht zufrieden mit sich war, so wird das jetzt anders werden. Man wird vieles finden, was böse ist, und wird es ändern, soweit man es vermag. Und manches wird man entdecken, was man nicht schön und gut finden kann und was doch so schwer zu ändern ist. Da wird man allmählich sehr klein und demütig, wird geduldig und nachsichtig gegen die Splitter in fremden Augen, weil einem der Balken im eigenen zu schaffen macht; und man lernt schließlich auch, sich selbst in dem unerbittlichen Licht der göttlichen Gegenwart zu ertragen und sich der göttlichen Barmherzigkeit zu überlassen, die mit alldem fertig werden kann, was unserer Kraft spottet. WS 22


In den Kindertagen des geistlichen Lebens, wenn wir eben angefangen haben, uns Gottes Führung zu überlassen, da fühlen wir die leitende Hand ganz stark und fest; sonnenhell liegt es vor uns, was wir zu tun und zu lassen haben. Aber das bleibt nicht immer so. Wer Christus angehört, der muß das ganze Christusleben durchleben. Er muß zum Mannesalter Christi heranreifen, er muß einmal den Kreuzweg antreten, nach Gethsemane und

Golgatha. Und alle Leiden, die von außen kommen, sind nichts im Vergleich zu der dunklen Nacht der Seele, wenn das göttliche Licht nicht mehr leuchtet und die Stimme des Herrn nicht mehr spricht. Gott ist da, aber er ist verborgen und schweigt. WS 18f

Es ist ein weiter Weg von der Selbstzufriedenheit eines „guten Katholiken", der „seine Pflichten erfüllt", eine „gute Zeitung" liest, „richtig wählt" usw., im übrigen aber tut, was ihm beliebt, bis zu einem Leben an Gottes Hand und aus Gottes Hand, in der Einfalt des Kindes und der Demut des Zöllners. Aber wer ihn einmal gegangen ist, wird ihn nicht wieder zurückgehen. WS 22f

Von Natur aus ist unser Inneres mannigfach erfüllt; so sehr, daß eins immer das andere verdrängt und in ständiger Bewegung, oft in Sturm und Aufruhr hält. Wenn wir morgens erwachen, wollen sich schon die Pflichten und Sorgen des Tages um uns drängen (falls sie nicht schon die Nachtruhe vertrieben haben). Da steigt die unruhige Frage auf: Wie soll das alles in einem Tag untergebracht werden? Wann werde ich dies, wann jenes tun? Und wie soll ich dies und das in Angriff nehmen? Man möchte gehetzt auffahren und losstürmen. Da heißt es, die Zügel in die Hand nehmen und sagen: Gemach! Vor allem darf jetzt gar nichts an mich heran. Meine erste Morgenstunde gehört dem Herrn. Das Tagewerk, das er mir aufträgt, das will ich in Angriff nehmen, und er wird mir die Kraft geben, es zu vollbringen. So will ich hintreten zum Altare Gottes. Hier handelt es sich nicht um mich und um meine winzig kleinen Angelegenheiten, sondern um das große Versöhnungsopfer. WS 46f

Nun beginnt das Tagewerk; vielleicht Schuldienst vier bis fünf Stunden hintereinander. Da heißt es bei der Sache sein, jede Stunde bei einer anderen Sache. In dieser oder jener Stunde kann man nicht erreichen, was man wollte, vielleicht in keiner. Eigene Müdigkeit, unvorhergesehene Unterbrechungen, Unzulänglichkeit der Kinder, mancherlei Verdrießliches, Empörendes, Beängstigendes.

Oder Bürodienst: Verkehr mit unangenehmen Vorgesetzten und Kollegen, unerfüllbare Ansprüche, ungerechte Vorwürfe, menschliche Erbärmlichkeit, vielleicht auch Not der verschiedensten Art. Es kommt die Mittagsstunde. Erschöpft, zerschlagen kommt man nach Hause. Da warten eventuell neue Anfechtungen.

Wo ist nun die Morgenfrische der Seele? Wieder möchte es gären und stürmen: Empörung, Ärger, Reue. Und so viel noch zu tun bis zum Abend! Muß man nicht sofort weiter? Nein, nicht ehe wenigstens für einen Augenblick Stille eingetreten ist. WS 47f

Wenn der Verstand sein Äußerstes wagt, dann kommt er an seine eigenen Grenzen. Er zieht aus, um die höchste und letzte Wahrheit zu finden, und entdeckt, daß all unser Wissen Stückwerk ist. Dann zerbricht der Stolz, und nun sehen wir ein Doppeltes: entweder er schlägt um in Verzweiflung, oder er beugt sich in Ehrfurcht vor der unerforschlichen Wahrheit und empfängt demütig im Glauben, was die natürliche Verstandestätigkeit sich nicht erobern kann. Dann bekommt der Intellektuelle im Licht der ewigen Wahrheit die rechte Einstellung zu seinem eigenen Intellekt. Er sieht, daß die höchsten und letzten Wahrheiten nicht durch den menschlichen Verstand entschleiert werden und daß in den wesentlichsten Fragen und darum in der praktischen Lebensgestaltung ein ganz einfaches Menschenkind auf Grund höherer Erleuchtung dem größten Gelehrten überlegen sein kann. Auf der anderen Seite erkennt er den legitimen Bereich der natürlichen Verstandestätigkeit und verrichtet hier seine Arbeit, wie der Bauer sein Feld bestellt, als etwas, was gut und nützlich ist, aber in enge Grenzen eingehegt wie alles Menschenwerk.

Wer so weit ist, der wird niemandem mehr „von oben herab" begegnen. Er wird jene schlichte und natürliche Menschlichkeit haben, die ungeheuchelte tiefe Bescheidenheit, die unbefangen und ungehindert durch alle Schranken hindurchgeht. Er wird mitten unter dem Volk ohne Scheu seine intellektuelle Sprache sprechen dürfen, weil sie ihm so natürlich ist wie dem Volk die seine und weil er sie sichtlich nicht höher einschätzt. Und er wird seinen intellektuellen Problemen nachgehen dürfen, weil das nun einmal sein natürliches Metier ist; er wird seinen Verstand brauchen wie der Schreiner Hand und Hobel, und wenn er anderen mit seiner Arbeit nützen kann, so wird er gern dazu bereit sein. Und wie jede ehrliche Arbeit, die nach Gottes Willen und zu Gottes Ehre verrichtet wird, so kann auch diese ein Instrument der Heiligung werden. So stelle ich mir den hl. Thomas vor: ein Mann, der eine außerordentliche Verstandesanlage als sein Pfund von Gott bekommen hatte und damit wucherte; der still und anspruchslos seinen Weg ging und sich in seine Probleme vertiefte, wenn man ihm Ruhe ließ; gern und bereitwillig sich den Kopf zerbrach und Auskunft gab, wenn man ihm schwierige

Fragen vorlegte. So ist er, gerade weil er das niemals wollte, zu einem der größten Führer geworden.

WS 74f


Jede muß sich selbst kennen oder kennenlernen, um zu wissen, wo und wie sie Ruhe finden kann. Am besten, wenn sie es kann, wieder eine kurze Zeit vor dem Tabernakel alle Sorgen ausschütten. Wer das nicht kann, wer vielleicht auch notwendig etwas körperliche Ruhe braucht, eine Atempause im eigenen Zimmer. Und wenn keinerlei äußere Ruhe zu erreichen ist, wenn man keinen Raum hat, in den man sich zurückziehen kann, wenn unabweisliche Pflichten eine stille Stunde verbieten, dann wenigstens innerlich für einen Augenblick sich gegen alles andere abschließen und zum Herrn flüchten. Er ist da und kann uns in einem einzigen Augenblick geben, was wir brauchen.

So wird es den Rest des Tages weitergehen, vielleicht in großer Müdigkeit und Mühseligkeit, aber in Frieden. Und wenn die Nacht kommt und der Rückblick zeigt, daß alles Stückwerk war und vieles ungetan geblieben ist, was man vorhatte, wenn so manches tiefe Beschämung und Reue weckt: dann alles nehmen, wie es ist, es in Gottes Hände legen und ihm überlassen. So wird man in ihm ruhen können, wirklich ruhen und den neuen Tag wie ein neues Leben beginnen. WS 48

Es wäre weiter zu zeigen, wie der Sonntag ein großes Tor sein müßte, durch das ewiges Leben in den Alltag und Kraft für die Arbeit der ganzen Woche einziehen könnte, und wie die großen Feste, Festzeiten und Bußzeiten, im Geiste der Kirche durchlebt, den Menschen von Jahr zu Jahr mehr der ewigen Sabbatruhe entgegenreifen lassen. Es wird eine wesentliche Aufgabe jeder einzelnen sein, zu überlegen, wie sie nach ihrer Veranlagung und ihren jeweiligen Lebensverhältnissen ihren Tages- und Jahresplan gestalten muß, um dem Herrn die Wege zu bereiten. Die äußere Einteilung wird bei jeder anders sein müssen und

auch im Lauf der Zeit dem Wechsel der Umstände sich elastisch anpassen müssen.
Auch die seelische Situation ist bei den verschiedenen Menschen verschieden. Von den Mitteln, die geeignet sind, die Verbindung mit dem Ewigen herzustellen, wachzuhalten oder auch neu zu beleben – wie Betrachtung, geistliche Lesung, Teilnahme an der Liturgie, an Volksandachten usw. –, sind nicht alle für jeden und zu allen Zeiten gleich fruchtbar. Die Betrachtung z. B. kann nicht von allen und immer auf die gleiche Weise geübt werden. Es ist wichtig, das jeweils Wirksamste herauszufinden und sich zunutze zu machen. WS 49

So gibt es offenbar zwei Wege zur Vereinigung mit Gott und damit zur Vollkommenheit der Liebe: ein mühsames Emporklimmen durch eigene Anstrengung, freilich mit Gottes Gnadenhilfe, und ein Emporgetragenwerden, das viel eigene Arbeit erspart, dessen Vorbereitung und Auswirkung aber doch an den Willen hohe Ansprüche stellt. WP 50

Niemand ist so in die Tiefen der Seele eingedrungen wie die Menschen, die mit einem heißen Herzen die Welt umfaßt hatten und dann durch die starke Hand Gottes aus der Verstrickung gelöst und in das eigene Innere und Innerste hineingezogen wurden. Neben Teresa von Ávila steht hier in erster Linie, ihr im tiefsten wesensverwandt und auch von ihr so empfunden, der heilige Augustinus. Für diese Meister der Selbsterkenntnis und Selbstdarstellung wurden die geheimen Tiefen der Seele erleuchtet: nicht nur die Phänomene, die bewegte Oberfläche des Seelenlebens, waren für sie unleugbare Erfahrungstatsache, sondern auch die Kräfte, die sich in dem unmittelbar bewußten seelischen Leben betätigen, und schließlich sogar das Wesen der Seele. WP 66f

Der Weg zum inneren Leben ist Christus. Sein Blut ist der Vorhang, durch den wir ins Allerheiligste des göttlichen Lebens eintreten. In der Taufe und im Sakrament der Buße reinigt es uns von Sünde, öffnet die Augen für das ewige Licht, öffnet die Ohren zum Vernehmen des göttlichen Wortes und die Lippen zum Lobgesang, zum Gebet der Sühne, der Bitte, des Dankes, die alles nur verschiedene Formen der Anbetung sind, d. h. der Huldigung des Geschöpfs vor dem Allmächtigen und Allgütigen. Im Sakrament der Firmung bezeichnet und stärkt es den Streiter Christi zum freimütigen Bekenntnis. Vor allem aber ist es das Sakrament, in dem Christus selbst gegenwärtig ist, das uns zu Gliedern seines Leibes macht. Indem wir am Opfer und Opfermahl teilnehmen, mit Jesu Fleisch und Blut genährt werden, werden wir selbst sein Fleisch und Blut. Nur wenn und soweit wir Glieder seines Leibes sind, kann Jesu Geist uns beleben und in uns herrschen. WS 43

In der stillen Zwiesprache gottgeweihter Menschen mit ihrem Herrn werden die weithin sichtbaren Ereignisse der Kirchengeschichte vorbereitet, die das Angesicht der

Erde erneuern. Die Jungfrau, die jedes gottgesandte Wort in ihrem Herzen bewahrte, ist das Vorbild jener lauschenden Menschen, in denen das hohepriesterliche Gebet Jesu immer wieder auflebt. Frauen, die gleich ihr sich selbst völlig vergaßen über der Versenkung in das Leben und Leiden Christi, erwählte der Herr mit Vorliebe zu seinen Werkzeugen, um Großes in der Kirche zu vollbringen: eine heilige Birgitta, Katharina von Siena, und als die heilige Teresa, die machtvolle Reformatorin ihres Ordens in der Zeit des großen Glaubensabfalles, der Kirche zu Hilfe kommen wollte, sah sie das Mittel dazu in der Erneuerung wahren inneren Lebens. WS 36f

Der Mittelpunkt der Seele ist der Ort, von dem aus die Stimme des Gewissens sich vernehmen läßt, und der Ort der freien persönlichen Entscheidung. Weil es so ist und weil zur liebenden Vereinigung mit Gott die freie persönliche Hingabe gehört, darum muß der Ort der freien Entscheidung zugleich der Ort der freien Vereinigung mit Gott sein. Von hier aus wird es auch verständlich, warum von Teresa von Ávila die Hingabe des Willens an den göttlichen als das Wesentlichste an der Vereinigung angesehen wird: die Hingabe unseres Willens ist das, was Gott von uns allen verlangt und was wir leisten können. Sie ist das Maß unserer Heiligkeit. Sie ist zugleich die Bedingung der mystischen Vereinigung, die nicht in unserer Macht steht, sondern freies Geschenk Gottes ist. Darum ergibt sich aber auch die Möglichkeit, vom Mittelpunkt der Seele aus zu leben, sich selbst und sein Leben zu gestalten, ohne mystisch begnadet zu sein.

WP 67f

Innerhalb der Kirche gibt es Gemeinschaftserlebnisse verschiedenster Art: Andacht, Begeisterung, Werke der Barmherzigkeit usw., aber nicht ihnen verdankt die Kirche ihr Bestehen. Sondern dadurch, daß der einzelne vor Gott steht, vermöge des Gegeneinanders und Zueinanders von göttlicher und menschlicher Freiheit, ist ihm die Kraft gegeben, für alle da zu stehen, und dieses „Einer für alle und alle für einen" macht die Kirche aus ... Je mehr einer von der göttlichen Liebe erfüllt ist, desto mehr ist er geeignet, die für jeden prinzipiell mögliche Stellvertretung zu leisten. WP 163


In der Trockenheit und Leere wird die Seele demütig. Die frühere Hoffart schwindet, wenn man in sich nichts mehr findet, was Anlaß geben könnte, auf andere herabzusehen; vielmehr erscheinen einem die anderen nun viel vollkommener, es erwachen Liebe und Hochschätzung für sie im Herzen. Man hat auch jetzt zuviel mit dem eigenen Elend zu tun, um auf andere zu achten. Durch ihre Hilflosigkeit wird die Seele unterwürfig und gehorsam; sie sehnt sich nach Belehrung, um auf den rechten Weg zu gelangen. KW 47

Der Geist – und das besagt, sachgemäß weit gefaßt, nicht nur Verstand, sondern auch Herz – ist durch die dauernde Beschäftigung mit Gott vertraut geworden, er kennt ihn und liebt ihn. Diese Kenntnis und Liebe sind ein Bestandteil seines Seins geworden, etwa wie das Verhältnis zu einem Menschen, mit dem man seit langer Zeit zusammenlebt und innig vertraut ist. Solche Menschen brauchen nicht mehr Auskunft über einander einzuholen und über einander nachzudenken, um sich wechselseitig zu ergründen und von ihrer Liebenswürdigkeit zu überzeugen. Es bedarf zwischen ihnen auch kaum noch der Worte. Wohl bringt jedes neue Zusammensein ein neues Wachwerden und eine Steigerung der Liebe, vielleicht auch noch ein Kennenlernen von neuen Einzelzügen, aber das geschieht wie von selbst, man braucht sich nicht darum zu bemühen. So etwa ist auch der Verkehr einer Seele mit Gott nach langer Übung im geistlichen Leben. Sie braucht nicht mehr zu betrachten, um Gott kennen und lieben zu lernen. Der Weg liegt weit hinter ihr, sie ruht am Ziel. Sobald sie sich ins Gebet begibt, ist sie bei Gott und verweilt in liebender Hingabe in seiner Gegenwart. Ihr Schweigen ist ihm lieber als viele Worte. KW 103

Gnade ist es, wenn uns die Glaubensbotschaft, Gottes offenbarte Wahrheit, erreicht. Gnade ist es, die uns die Kraft schenkt, die Glaubensbotschaft anzunehmen – wenn wir dies auch dann in freier Entscheidung vollziehen müssen – und damit gläubig zu werden. Ohne Gnadenbeistand ist kein Gebet und keine Betrachtung möglich. Und doch ist das alles Sache unserer Freiheit und vollzieht sich mit Hilfe unserer eigenen Kräfte. Es hängt auch von uns ab, ob wir uns ins Gebet begeben, ob und wie lange wir in ihm verweilen. KW 103

Die mächtige Wirklichkeit der natürlichen Welt und der übernatürlichen Gnadengeschenke muß durch eine noch mächtigere Wirklichkeit aus den Angeln gehoben werden.

Das geschieht in der passiven Nacht (der Seele). Ohne sie würde die aktive niemals ans Ziel kommen. Die starke Hand des lebendigen Gottes muß selbst eingreifen, um die Seele aus den Schlingen alles Geschaffenen zu befreien und an sich zu ziehen. Dieses Eingreifen ist die dunkle, mystische Beschauung, verbunden mit der Entziehung alles dessen, was bisher Licht, Halt und Trost gegeben hat. KW 106


Die Seele wird es Gott überlassen, das in ihr zu wirken, was er mit diesen übernatürlichen Mitteilungen beabsichtigt, wird aber selbst in der Dunkelheit des Glaubens bleiben, weil sie es nicht nur gelernt, sondern erfahren hat, daß all dies nicht Gott ist und ihr Gott nicht gibt, daß sie aber im Glauben alles hat, was ihr nötig ist: Christus selbst, der die ewige Weisheit ist, und in ihm den unbegreiflichen Gott. Sie wird zu diesem Verzicht und zum Ausharren im Glauben um so eher bereit sein, je gründlicher sie durch die dunkle Nacht schon geläutert ist. KW 108

Weil der natürliche Verstand das göttliche Licht nicht zu fassen vermag, muß er durch die Beschauung ins Dunkel geführt werden.

KW 114

Darum darf die Seele Trockenheit und Dunkelheit als glückliche Anzeichen ansehen: als Anzeichen, daß Gott daran ist, sie von sich selbst zu befreien; er windet ihr ihre Seelenkräfte aus den Händen. Wohl hätte sie viel damit erwerben können, aber niemals so vollendet, vollkommen und sicher damit wirken können wie nun, wo Gott sie an die Hand nimmt. Er führt sie wie einen Blinden auf dunklen Wegen, ohne daß sie weiß, wo und wohin – doch auf Wegen, die sie selbst beim glücklichsten Wandeln durch den Gebrauch ihrer eigenen Augen und Füße nie gefunden hätte. Dabei macht sie große Fortschritte, ohne es selbst zu vermuten, ja in der Meinung, verloren zu sein.

KW 122

Es ist früher der Gedanke ausgesprochen worden, daß die Leiden der „Dunklen Nacht" Anteil seien am Leiden Christi, vor allem am tiefsten Leiden: der Gottverlassenheit. Das hat durch den „Geistlichen Gesang" (des Johannes vom Kreuz) eine nachdrückliche Bestätigung erhalten, da hier das sehnsüchtige Verlangen nach dem verborgenen Gott das Leiden ist, das den ganzen mystischen Weg beherrscht. Es hört selbst in der Seligkeit der bräutlichen Vereinigung nicht auf; ja in gewisser Weise nimmt es mit der wachsenden Gotteserkenntnis und -liebe noch zu, weil mit ihr die Vorahnung dessen, was die klare Anschauung Gottes in der Glorie uns bringen soll, immer fühlbarer wird. KW 227

# IV
# EUCHARISTISCH LEBEN

Eucharistisch leben heißt ganz von selbst aus der Enge des eigenen Lebens herausgehen und in die Weite des Christuslebens hineinwachsen. Wer den Herrn in seinem Hause aufsucht, wird ihn nicht nur immer mit sich selbst und seinen Angelegenheiten beschäftigen wollen. Er wird anfangen, sich für die Angelegenheiten des Herrn zu interessieren. Die Teilnahme am täglichen Opfer zieht uns unwillkürlich in das liturgische Leben hinein. Die Gebete und die Gebräuche des Altardienstes führen uns im Kreislauf des Kirchenjahres die Heilsgeschichte immer wieder vor die Seele und lassen uns immer tiefer in ihren Sinn eindringen. Und die Opferhandlung prägt uns immer wieder das Zentralgeheimnis unseres Glaubens ein, den Angelpunkt der Weltgeschichte: das Geheimnis der Menschwerdung und Erlösung. Wer könnte mit empfänglichem Geist und Herzen dem heiligen Opfer beiwohnen, ohne selbst von der Opfergesinnung erfaßt zu werden, ohne von dem Verlangen ergriffen zu werden, daß er selbst und sein kleines persönliches Leben aufgehe im großen Werk des Erlösers. Die Mysterien des Christentums sind ein unteilbares Ganzes. Wenn man sich in eines vertieft, wird man zu allen anderen hingeführt. WS 23

Christi Leiden und Tod setzen sich fort in seinem mystischen Leibe und in jedem seiner Glieder. Leiden und sterben muß jeder Mensch. Aber wenn er lebendiges Glied am Leibe Christi ist, dann bekommt sein Leiden und Sterben durch die Gottheit des Hauptes erlösende Kraft. Das ist der objektive Grund, warum alle Heiligen nach Leiden verlangt haben. Das ist keine krankhafte Lust am Leiden. Den Augen des natürlichen Verstandes erscheint es zwar als Perversion. Im Licht des Erlösungsgeheimnisses erweist es sich jedoch als höchste Vernunft. Und so wird der Christus-Verbundene auch in der dunklen Nacht der subjektiven Gottferne und -verlassenheit unerschüttert ausharren; vielleicht setzt die göttliche Voraussicht seine Qual ein, um einen objektiv Gefesselten zu befreien. Darum: „Dein Wille geschehe!" – auch und gerade darum in dunkelster Nacht. WS 19

Unsere Menschenliebe (ist) das Maß unserer Gottesliebe. Aber es ist eine andere als die natürliche Menschenliebe. Die natürliche Liebe gilt diesem oder jenem, der uns durch Bande des Blutes verbunden oder durch Verwandtschaft des Charakters oder gemeinsame Interessen nahesteht. Die andern sind „Fremde", die einen „nichts angehen", einem eventuell sogar durch ihr Wesen widerwärtig sind, so daß man sie sich möglichst weit vom Leibe hält. Für die Christen gibt es keinen „fremden Menschen". Der ist jeweils der „Nächste", den wir vor uns haben und der unser am meisten bedarf; gleichgültig, ob er verwandt ist oder nicht, ob wir ihn „mögen" oder nicht, ob er der Hilfe „moralisch würdig" ist oder nicht. Die Liebe Christi kennt keine Grenzen, sie hört nimmer auf, sie schaudert nicht zurück vor Häßlichkeit und Schmutz. Er ist um der Sünder willen gekommen und nicht um der Gerechten willen. Und wenn die Liebe Christi in uns lebt, dann machen wir es wie er und gehen den verlorenen Schafen nach.

WS 16

Jesus hat nicht nur am öffentlichen und verordneten Gottesdienst teilgenommen. Vielleicht noch häufiger als davon berichten die Evangelien von einsamem Gebet in der Stille der Nacht, auf freier Bergeshöhe, in der menschenfernen Wüste. Vierzig Tage und Nächte des Gebets gingen der öffentlichen Wirksamkeit Jesu voraus. Ehe er seine zwölf Apostel auswählte und entsandte, zog er sich zum Gebet in die Bergeseinsamkeit zurück. Durch seine Ölbergstunde bereitete er sich auf den Gang nach Golgatha vor. Was er in dieser schwersten Stunde seines Lebens zum Vater emporrief, ist uns in einigen kurzen Worten offenbart worden: Worte, die uns als Leitsterne gegeben sind für unsere Ölbergstunden. „Vater, wenn du willst, so laß diesen Kelch an mir vorübergehen: Aber nicht mein, sondern dein Wille geschehe!" Sie sind wie ein Blitz, der für einen Augenblick das innerste Seelenleben Jesu vor uns aufleuchten läßt, das unergründliche Geheimnis seines gottmenschlichen Seins und seiner Zwiesprache mit dem Vater.

WS 33

Darum geht es nicht, das innere, von allen überlieferten Formen freie Gebet als „subjektive" Frömmigkeit der Liturgie als dem „objektiven" Gebet der Kirche gegenüberzustellen. Jedes echte Gebet ist Gebet der Kirche: durch jedes echte Gebet geschieht etwas in der Kirche, und es ist die Kirche selbst, die darin betet, denn es ist der in ihr lebendige Heilige Geist, der in jedem einzelnen Menschen „für uns bittet mit unaussprechlichen Seufzern". Eben das ist „echtes" Gebet: denn „niemand kann sagen Herr Jesus, außer im Heiligen Geist" ...

Die schrankenlose, liebende Hingabe an Gott und die göttliche Gegengabe, die volle und dauernde Vereinigung, das ist die höchste Erhebung des Herzens, die uns erreichbar ist, die höchste Stufe des Gebetes. Die Menschen, die sie erreicht haben, sind wahrhaft das Herz der Kirche: in ihnen lebt die hohepriesterliche Liebe Jesu. Mit Christus verborgen in Gott, können sie nicht anders, als die göttliche Liebe, von der sie erfüllt sind, ausstrahlen in andere Herzen und so mitwirken an der Vollendung aller zur Einheit in Gott.  WS 40f

*In der Kraft des Kreuzes*

Im Leben des Herrn waren sicher die glücklichsten Stunden die in stiller Nacht, in einsamer Zwiesprache mit dem Vater. Aber sie waren nur das Atemholen nach einer Wirksamkeit, die ihn mitten ins Gewühl der Menschen stellte und ihm das Gemisch von menschlicher Schwäche, Gemeinheit und Bosheit als Trank von Essig und Galle täglich und stündlich reichte.

KW 265

Wohin das göttliche Kind uns auf dieser Erde führen will, das wissen wir nicht und sollen wir nicht vor der Zeit fragen. Nur das wissen wir, daß denen, die den Herrn lieben, alle Dinge zum Guten gereichen. Und ferner, daß die Wege, die der Herr führt, über diese Erde hinausgehen. O wunderbarer Tausch! Der Schöpfer des Menschengeschlechts verleiht uns, einen Leib annehmend, seine Gottheit.

WS 14

*Eucharistisch leben*

Es ist anders geworden, als man sich nach Psalmen und Propheten die Herrschaft des Gotteskönigs gedacht hatte. Die Römer blieben die Herren im Lande, und Hohepriester und Schriftgelehrte hielten weiter das arme Volk unter ihrem Joch. Unsichtbar trug jeder, der dem Herrn angehörte, sein Himmelreich in sich. Seine irdische Bürde wurde ihm nicht abgenommen, sondern sogar noch manche andere dazugelegt; aber was er in sich hatte, war eine beschwingte Kraft, die das Joch sanft machte und die Last leicht. WS 15

Das göttliche Kind ist zum Lehrer geworden und hat uns gesagt, was wir tun sollen. Um ein ganzes Menschenleben mit göttlichem Leben zu durchdringen, genügt es nicht, einmal im Jahr vor der Krippe zu knien und sich von dem Zauber der Heiligen Nacht gefangennehmen zu lassen. Dazu muß man das ganze Leben lang in täglichem Verkehr mit Gott stehen, auf die Worte hören, die er gesprochen hat und die uns überliefert sind, und diese Worte befolgen. Vor allen Dingen beten, wie es der Herr selbst gelehrt und so eindringlich immer wieder eingeschärft hat. „Bittet und ihr werdet empfangen." Das ist die sichere Verheißung der Erhörung. Und wer täglich von Herzen sein „Herr, Dein Wille geschehe" spricht, der darf wohl darauf vertrauen, daß er den göttlichen Willen auch da nicht verfehlt, wo er keine subjektive Gewißheit mehr hat.

WS 20

Der Herr, der weiß, daß wir Menschen sind und Menschen bleiben, die täglich mit Schwächen zu kämpfen haben, kommt unserer Menschheit auf wahrhaftig göttliche Weise zu Hilfe. Wie der irdische Leib des täglichen Brotes bedarf, so verlangt auch das göttliche Leben in uns nach dauernder Ernährung. „Dieses ist das lebendige Brot, das vom Himmel herabgekommen ist." Wer es wahrhaft zu seinem täglichen Brot macht, in dem vollzieht sich täglich das Weihnachtsgeheimnis, die Menschwerdung des Wortes. Und das ist wohl der sicherste Weg, das Einssein mit Gott dauernd zu erhalten, mit jedem Tage fester und tiefer in den mystischen Leib Christi hineinzuwachsen. Ich weiß wohl, daß das vielen als ein allzu radikales Verlangen erscheinen wird. Praktisch bedeutet es für die meisten, wenn sie es neu beginnen, eine Umstellung des gesamten äußeren und inneren Lebens. Aber das soll es ja gerade! In unserem Leben soll Raum geschaffen werden für den eucharistischen Heiland, damit er unser Leben in sein Leben umformen kann. Ist das zuviel verlangt? WS 21


Das Gebet der Kirche ist das Gebet des fortlebenden Christus. Es hat sein Urbild im Gebet Christi während seines menschlichen Lebens. WS 26


Christus hat an dem öffentlichen und verordneten Gottesdienst seines Volkes teilgenommen, er hat ihn in die engste Verbindung mit seiner Opferhingabe gebracht und ihm so erst seinen vollen und eigentlichen Sinn – den der Dankeshuldigung der Schöpfung an den Schöpfer – gegeben; damit hat er die Liturgie des Alten Bundes in die des Neuen Bundes übergeführt. WS 33

Die feierlichen Gebete, die die Mönche als der tönende Mund der Kirche verrichten, umrahmen das heilige Opfer, umrahmen auch und durchflechten und heiligen alles andere „Tagewerk", so daß aus Gebet und Arbeit ein einziges „opus Dei", eine einzige „Liturgie" wird. Ihre Lesungen aus der Heiligen Schrift und den Vätern, aus den Gedenkbüchern der Kirche und den Lehrverkündigungen ihrer Hirten sind ein großer, stets wachsender Lobgesang auf das Walten der Vorsehung und die fortschreitende Verwirklichung des ewigen Heilsplanes. Ihre morgendlichen Loblieder rufen die ganze Schöpfung wiederum zusammen, um sich im Preis des Herrn zu vereinen: die Berge und Hügel, die Flüsse und Ströme,

Meere und Winde, Regen und Schnee, alle
Völker der Erde. WS 30

Was wäre Gebet der Kirche wenn nicht die
Hingabe der großen Liebenden an Gott, der
die Liebe ist? WS 41

Du senkst voll Liebe
deinen Blick in meinen
und neigst dein Ohr
zu meinen leisen Worten
und füllst mit Frieden
tief das Herz.

Doch deine Liebe
findet kein Genügen
in diesem Austausch,
der noch Trennung läßt.
Dein Herz verlangt
nach mehr.

*In der Kraft des Kreuzes*

Dein Leib durchdringt
geheimnisvoll den meinen,
und deine Seele eint sich
mit der meinen:
Ich bin nicht mehr,
was einst ich war.
Du kommst und gehst,
doch bleibt zurück die Saat,
die du gesät
zu künftger Herrlichkeit,
verborgen in dem Leib
von Staub.     GG 8f



Herr, ist es möglich,
daß einer neu geboren wird,
der schon des Lebens Mitte überschritt?
Du hast's gesagt,
und mir ward es zur Wirklichkeit.
Des langen Lebens Last
an Schuld und Leiden
fiel von mir ab.     GG 11

*Eucharistisch leben*

In deinem Herzen
wohnt der ew'ge Frieden.
Du möchtest ihn
in alle Herzen gießen,
du möchtest
in sie überfließen,
doch findest keinen Eingang
du hienieden.

Sie haben für dein leises Pochen
keine Ohren,
so mußt du mit dem
Hammer schlagen.
Nach langer Nacht erst
wird der Morgen tagen,
in harten Wehen
wird dein Reich geboren.   GG 15f


Es tritt der Herr die Kelter,
und rot ist sein Gewand.
Er fegt mit eisernem Besen
gewaltig über das Land.

*In der Kraft des Kreuzes*

Er kündet im Sturmesbrausen
sein letztes Kommen an.
Wir hören das mächtige Sausen –,
der Vater allein weiß, wann.

Wer wird uns Führer sein
aus Nacht zum Licht?
Wie wird der Schrecken enden?
Wo trifft die Sünder das Strafgericht?
Wann wird sich das Schicksal wenden?  GG 16


Der am Ölberg
in blutigem Angstschweiß rang
mit dem Vater in heißem Flehen,
er ist es, dem der Sieg gelang,
da entschied sich das Weltgeschehen.
Dort fallet nieder
und betet an,
und fragt nicht mehr:
Wer? Wie? Wo? Wann?  GG 17

Laßt uns nicht richten,
daß wir nicht gerichtet werden,
uns alle trügt der Dinge
äuß'rer Schein.
Wir sehen Rätselbilder
hier auf Erden,
der Schöpfer einzig
kennt das wahre Sein.   GG 17


Segne der Leidenden
gebeugten Sinn,
der Menschen schwere Einsamkeit,
das ruhelose Sein,
das Leid, das keiner
einem andern
je vertraut.

Und jenen Zug
der nächt'gen Schwärmer segne,
die unbekannter Wege Spuk
nicht scheuen.
Die Not der Menschen segne,
die zur Stunde sterben.
Gib ihnen, Gott,
ein gutes Ende.

Segne die Herzen, Herr,
die bitteren.
Vor allem
gib den Kranken
Linderung,
Lehr die vergessen,
denen du das Liebste
hast genommen.
Laß auf der ganzen Erde
niemand in Seelennot.

Segne die Frohen, Herr,
bewahre sie. –
Von mir nahmst du
noch nie die Traurigkeit.
Sie lastet manchmal
schwer auf mir.
Doch gibst du Kraft,
so trag ich sie.

GG 21 ff


Wer bist Du, Licht,
das mich erfüllt
und meines Herzens Dunkelheit
erleuchtet?

Du leitest mich
gleich einer Mutter Hand,
und ließest Du mich los,
so wüßte keinen Schritt
ich mehr zu gehen.
Du bist der Raum,
der rund mein Sein
umschließt und
in sich birgt.
Aus dir entlassen,
sänk' es in den Abgrund
des Nichts,
aus dem du es
zum Sein erhobst.
Du, näher mir
als ich mir selbst
und innerlicher
als mein Innerstes –
und doch ungreifbar
und unfaßbar
und jeden Namen sprengend:
Heiliger Geist – Ewige Liebe.

GG 23f

*In der Kraft des Kreuzes*

Bist du das Manna nicht,
das aus des Sohnes Herz
in meines übergeht,
der Engel und der Sel'gen
Speise?
Er, der vom Tod
zum Leben sich erhob,
er hat auch mich
zu neuem Leben
auferweckt,
vom Schlaf des
Todes,
und neues Leben
gibt er mir
von Tag zu Tag.
Einst soll mich seine Fülle
ganz durchfluten,
Leben von deinem Leben –
ja, du selbst:
Heiliger Geist – Ewiges Leben.   GG 24f

Bist du der Strahl,
der von des Richters
Thron herniederzuckt
und einbricht
in die Nacht der Seele,
die nie sich selbst erkannt?
Barmherzig-unerbittlich
dringt er in verborgne Falten.
Erschreckt vom Anblick
ihrer selbst,
gewährt sie Raum –
heiliger Furcht,
dem Anfang jener Weisheit,
die aus der Höhe kommt
und in der Höhe uns
ganz fest verankert –,
deinem Wirken,
das neu uns schafft:
Heiliger Geist – Durchdringender Strahl.

GG 25f


Bist du des Geistes Fülle
und die Kraft,
durch die das Lamm die Siegel löst

von Gottes ew'gem Ratschluß?
Von dir getrieben, reiten
des Gerichtes Boten
durch die Welt
und scheiden mit
scharfem Schwert
das Reich des Lichtes
von dem Reich der Nacht.
Dann wird der Himmel neu
und neu die Erde,
und alles kommt
an seinen rechten Ort
durch deinen Hauch:
Heiliger Geist – Siegende Kraft. GG 26f


Bist du
das Lied der Liebe
und der heil'gen Scheu,
das ewig tönt
um Gottes Thron,
das aller Wesen reinen Klang
in sich vermählt?

*Eucharistisch leben*

Der Einklang, der
zum Haupt die Glieder
fügt,
darin ein jeder
seines Seins geheimen Sinn
beseligt findet
und jubelnd ausströmt,
in deinem Strömen:
Heiliger Geist – Ewiger Jubel.   GG 27

# V
# KREUZ UND AUFERSTEHUNG

Eine scientia crucis (Kreuzeswissenschaft) kann man nur gewinnen, wenn man das Kreuz gründlich zu spüren bekommt. Davon war ich vom ersten Augenblick an überzeugt und habe von Herzen: Ave, Crux, spes unica! (Sei gegrüßt, Kreuz, einzige Hoffnung) gesagt.

BII 167

Wirksamer als die Abtötung, die man nach eigener Wahl übt, ist das Kreuz, das Gott einem auflegt, äußerlich und innerlich. KW 265

Der Glaube stellt der Seele Christus vor Augen: den Armen, Erniedrigten, Gekreuzigten, am Kreuz selbst vom göttlichen Vater Verlassenen. In seiner Armut und Verlassenheit findet sie die ihre wieder. Trockenheit, Ekel und Mühsal sind das „rein geistige Kreuz", das ihr gereicht wird. Nimmt sie es an, so erfährt sie, daß es ein sanftes Joch und eine leichte Last ist. Es wird ihr zum Stab, der sie leicht bergauf führt. Wenn sie erkennt, daß

Christus in der äußersten Erniedrigung und Vernichtung am Kreuz das Größte gewirkt hat, die Versöhnung und Vereinigung der Menschheit mit Gott, dann erwacht in ihr das Verständnis dafür, daß auch für sie das Vernichtetwerden, der „Kreuzestod bei lebendigem Leibe, im Sinnlichen wie im Geistigen", zur Vereinigung mit Gott führt. Wie Jesus in seiner Todesverlassenheit sich in die Hände des unsichtbaren und unbegreiflichen Gottes übergab, so wird sie sich hineinbegeben in das mitternächtliche Dunkel des Glaubens, der der einzige Weg zu dem unbegreiflichen Gott ist. KW 107


Im Leiden und Sterben Christi sind unsere Sünden vom Feuer verzehrt worden. Wenn wir das im Glauben annehmen und wenn wir in gläubiger Hingabe den ganzen Christus annehmen, d.h. aber, daß wir den Weg der Nachfolge Christi wählen und gehen, dann führt er uns „durch Sein Leiden und Kreuz zur Herrlichkeit der Auferstehung". Genau das ist es, was in der Beschauung erfahren wird: das Hindurchgehen durch den sühnenden Brand zur seligen Liebesvereinigung. Daraus erklärt sich ihr zwiespältiger Charakter. Sie ist Tod und Auferstehung. Nach der „Dunklen Nacht" strahlt die „Lebendige Liebesflamme" auf.

KW 165

Die Welt, die wir mit den Sinnen wahrnehmen, ist ja natürlicherweise der feste Grund, der uns trägt, das Haus, in dem wir uns heimisch fühlen, das uns nährt und mit allem Nötigen versorgt, Quelle unserer Freuden und Genüsse. Wird sie uns genommen, oder werden wir genötigt, uns aus ihr zurückzuziehen, so ist es wahrlich, als wäre uns der Boden unter den Füßen weggezogen und als würde es Nacht rings um uns her; als müßten wir selbst versinken und vergehen. Aber dem ist nicht so. In der Tat werden wir auf einen sicheren Weg gestellt, allerdings auf einen dunklen Weg, einen in Nacht gehüllten: den Weg des Glaubens. Es ist ein Weg, denn er führt zum Ziel der Vereinigung. Aber es ist ein nächtlicher Weg, denn im Vergleich mit der klaren Einsicht des natürlichen Verstandes ist der Glaube eine dunkle Erkenntnis: er macht uns mit etwas bekannt, aber wir bekommen es nicht zu sehen. Darum muß gesagt werden, daß auch das Ziel, zu dem wir auf dem Weg des Glaubens gelangen, Nacht ist: Gott bleibt auf Erden auch in der seligen Vereinigung für uns verhüllt. Unser Geistesauge ist seinem überhellen Licht nicht angepaßt und schaut wie in nächtliches Dunkel. Wie aber die kosmische Nacht nicht ihrer ganzen Dauer nach gleich dunkel ist, so hat auch die mystische Nacht ihre Zeitabschnitte und entsprechenden Grade. Das Versinken der Sinnenwelt ist wie das Hereinbrechen der Nacht, wobei noch ein Dämmerlicht von der Tageshelligkeit zurückbleibt. Der Glaube dagegen ist mitternächtliches Dunkel, weil hier nicht nur die Sinnestätigkeit ausgeschaltet ist, sondern auch die natürliche Verstandeserkenntnis. Wenn aber die Seele Gott findet, dann bricht in ihre Nacht gleichsam schon die Morgendämmerung des neuen Tages der Ewigkeit herein. KW 39

Wie Jesus in seiner Todesverlassenheit sich in die Hände des unsichtbaren und unbegreiflichen Gottes übergab, so wird die Seele sich hineinbegeben in das mitternächtliche Dunkel des Glaubens, der der einzige Weg zu dem unbegreiflichen Gott ist. So wird ihr die mystische Beschauung zuteil, der „Strahl der Finsternis", die geheimnisvolle Gottesweisheit, die dunkle und allgemeine Erkenntnis: sie allein entspricht dem unfaßlichen Gott, der den Verstand blendet und ihm als Finsternis erscheint. Sie strömt in die Seele ein und kann es um so lauterer, je freier die Seele von allen anderen Eindrücken ist. Sie ist etwas viel Reineres, Zarteres, Geistigeres und Innerlicheres als alles, was der Erkenntnis aus dem natürlichen Geistesleben bekannt ist, auch hinausgehoben über die Zeitlichkeit, ein wahrer Anfang des ewigen Lebens in uns. Es ist kein bloßes Annehmen der gehörten Glaubensbotschaft, kein bloßes Sichzuwenden zu Gott, den man nur vom Hörensagen kennt, sondern ein inneres Berührtwerden und ein Erfahren Gottes, das die Kraft hat, von allen geschaffenen Dingen loszulösen und emporzuheben und zugleich in eine Liebe zu versenken, die ihren Gegenstand nicht kennt. KW 107

Gott wird nur erkannt, indem er sich offenbart; und die Geister, denen er sich offenbart, geben die Offenbarung weiter. Erkennen und Künden gehören zusammen. Aber je höher die Erkenntnis ist, desto dunkler und geheimnisvoller sie, desto weniger ist es möglich, sie in Worte zu fassen. WG 37

Je höher die Seele zu Gott aufsteigt, um so tiefer steigt sie in sich selbst hinab: die Vereinigung vollzieht sich im Innersten der Seele, im tiefsten Seelengrund. KW 137

Glauben kann ja auch heißen: sich dem Wirklichen zuwenden, von dem alle Glaubenswahrheiten künden: Gott. Erfährt in diesem Hingegebensein die Seele das Ergriffensein von dem dunklen und unfaßlichen Gott, dann ist es die dunkle Beschauung, die Gott selbst der Seele mitteilt, als Licht und Liebe zugleich. KW 119

So gehören eigene Seinsvollendung, Vereinigung mit Gott und Wirken für die Vereinigung anderer mit Gott und Ihre Seinsvollendung unlöslich zusammen. Der Zugang zu allem aber ist das Kreuz. Und die Predigt vom Kreuz wäre eitel, wenn sie nicht Ausdruck eines Lebens in Vereinigung mit dem Gekreuzigten wäre. KW 252f

Das fortschreitende Zusammenbrechen der Natur gibt dem übernatürlichen Licht und dem göttlichen Leben mehr und mehr Raum. Es bemächtigt sich der natürlichen Kräfte und verwandelt sie in vergöttlichte und vergeistigte. So vollzieht sich eine neue Menschwerdung Christi im Christen, die mit einer Auferstehung vom Kreuzestode gleichbedeutend ist. Der neue Mensch trägt die Wundmale Christi an seinem Leibe: die Erinnerung an das Sündenelend, aus dem er zu seligem Leben erweckt ist, und an den Preis, der dafür gezahlt werden mußte. Und es bleibt ihm der Schmerz der Sehnsucht nach der Fülle des Lebens, bis er durch das Tor des wirklichen leiblichen Todes eingehen darf in das schattenlose Licht.

So ist die bräutliche Vereinigung der Seele mit Gott das Ziel, für das sie geschaffen ist, erkauft durch das Kreuz, vollzogen am Kreuz und für alle Ewigkeit mit dem Kreuz besiegelt. KW 241

Es ist ein anderes: ein auserlesenes Werkzeug sein und in der Gnade stehen. Wir haben nicht zu urteilen und dürfen auf Gottes unergründliche Barmherzigkeit vertrauen. Aber den Ernst der letzten Dinge dürfen wir uns nicht verschleiern. Nach jeder Begegnung, in der mir die Ohnmacht direkter Beeinflussung fühlbar wird, verschärft sich mir die Dringlichkeit des eigenen holocaustum. Und es spitzt sich immer mehr zu einem Hic Rhodus, hic salta, zu.

Es mag uns noch so sehr die gegenwärtige Lebensform nicht als die adäquate erscheinen – was wissen wir im Grunde davon? Aber daß wir hier und jetzt stehen, um unser Heil zu wirken und das derer, die uns auf die Seele gelegt sind, daran kann kein Zweifel sein. Daß wir es mehr und mehr lernen, jeden Tag und jede Stunde in die Ewigkeit hineinzubauen – dazu wollen wir uns gegenseitig im Gebet helfen in dieser heiligen Zeit, nicht wahr? BI 59f

*Als Edith Stein 1917 Assistentin Edmund Husserls war, traf eine schmerzliche Nachricht in Freiburg ein. Adolf Reinach, Assistent Husserls, war auf den Schlachtfeldern Flanderns gefallen. Edith Steins Trauer war groß, sie dachte an Reinachs Frau. Aus Göttingen kam die Bitte, sie möge Reinachs Nachlaß ordnen. Edith Stein fürchtete sich, die Witwe wiederzusehen. Ihr Inneres war verstört, Reinach, neben Husserl der Mittelpunkt des Göttinger Kreises, war nicht mehr. Durch seine Güte durfte sie einen Blick in jene Welt tun, die ihr verschlossen schien. Die Erinnerung half ihr nicht. Was sollte sie der verzweifelten Gattin sagen? Edith Stein konnte nicht an ein ewiges Leben glauben. Da traf sie wie ein Strahl aus jenem verborgenen Reich die ergebene Haltung Frau Reinachs. Die Witwe war nicht zerbrochen. Mitten im Leid war sie von Hoffnung erfüllt, die tröstete und Frieden schenkte. Vor dieser Erfahrung zerbrachen Edith Steins rationale Argumente.*

*Nicht klare Erkenntnis, sondern das Angerührtwerden vom Wesen der Wahrheit verwandelte Edith Stein. Der Glaube leuchtete ihr auf – im Geheimnis des Kreuzes. Es war noch ein langer Weg, bis es ihr gelang, alle Konsequenzen aus diesem Erlebnis zu ziehen. Für eine Denkerin wie Edith Stein war es schwer, alle Brücken abzubrechen und den Sprung in das neue Leben zu wagen. Aber der Anstoß war so groß, daß sie noch kurz vor ihrem Tod P. Hirschmann SJ von dieser Erfahrung erzählte:*

Es war dies meine erste Begegnung mit dem Kreuz und der göttlichen Kraft, die es seinen Trägern mitteilt. Ich sah zum erstenmal die aus dem Erlöserleiden geborene Kirche in ihrem Sieg über den Stachel des Todes handgreiflich vor mir. Es war der Augenblick, in dem mein Unglaube zusammenbrach und Christus aufstrahlte, Christus im Geheimnis des Kreuzes. WH 337f

*Beginn der Judenverfolgung*

Der Mann begann ein Gespräch mit mir und erzählte, was amerikanische Zeitungen von Greueltaten berichteten, die an Juden verübt worden seien. Es waren unverbürgte Nachrichten, ich will sie nicht wiederholen. Es kommt mir nur auf den Eindruck an, den ich an diesem Abend empfing. Ich hatte ja schon vorher von scharfen Maßnahmen gegen die Juden gehört. Aber jetzt ging mir auf einmal ein Licht auf, daß Gott wieder einmal schwer seine Hand auf sein Volk gelegt habe und daß das Schicksal dieses Volkes auch das meine war. Ich ließ den Mann, der mir gegenübersaß, nicht merken, was in mir vorging. Offenbar wußte er nichts von meiner Abstammung. Ich habe meist in solchen Fällen die entsprechende Aufklärung gegeben. Diesmal tat ich es nicht. Es wäre mir wie eine Verletzung des Gastrechts erschienen, wenn ich jetzt durch eine solche Mitteilung seine Nachtruhe gestört hätte.

TR 129

### Enzyklika gegen die Judenverfolgung

Meine Erkundigungen in Rom ergaben, daß ich wegen des großen Andrangs keine Aussicht auf eine Privataudienz (bei Pius XI.) hätte. Nur zu einer „kleinen Audienz" (d. h. im kleinen Kreis) könnte man mir verhelfen. Damit war mir nicht gedient. So verzichtete ich auf die Reise und trug mein Anliegen schriftlich vor. Ich weiß, daß mein Brief dem Heiligen Vater versiegelt übergeben worden ist; ich habe auch einige Zeit danach seinen Segen für mich und meine Angehörigen erhalten. Etwas anderes ist nicht erfolgt. Ich habe später oft gedacht, ob ihm nicht dieser Brief noch manchmal in den Sinn kommen mochte. Es hat sich nämlich in den folgenden Jahren Schritt für Schritt erfüllt, was ich damals für

die Zukunft der Katholiken in Deutschland voraussagte.
TR 131


Ich war fast erleichtert, daß ich nun wirklich von dem allgemeinen Los mitbetroffen war, aber natürlich mußte ich überlegen, was ich weiter tun sollte.
TR 132


Etwa zehn Tage nach meiner Rückkehr aus Beuron kam mir der Gedanke: sollte es nicht jetzt endlich Zeit sein, in den Karmel zu gehen? Seit fast zwölf Jahren war der Karmel mein Ziel. Seit mir im Sommer 1921 das „Leben" unserer hl. Mutter Teresa in die Hände gefallen war und meinem langen Suchen nach dem wahren Glauben ein Ende gemacht hatte. Als ich am Neujahrstag 1922 die hl. Taufe empfing, dachte ich, daß dies nur die Vorbereitung zum Eintritt in den Orden sei. Aber als ich einige Monate später, nach meiner Taufe, zum erstenmal meiner lieben

Mutter gegenüberstand, wurde mir klar, daß sie dem zweiten Schlag vorläufig nicht gewachsen sei. Sie würde nicht daran sterben, aber es würde sie mit einer Verbitterung erfüllen, die ich nicht verantworten könnte. Ich mußte in Geduld warten. So wurde mir auch von meinen geistlichen Beratern wieder versichert. Das Warten war mir zuletzt sehr hart geworden. Ich war ein Fremdling in der Welt geworden. Ehe ich die Tätigkeit in Münster übernahm und nach dem ersten Semester, hatte ich dringend um die Erlaubnis, in den Orden eintreten zu dürfen, gebeten. Sie wurde mir verweigert mit dem Hinweis auf meine Mutter und auch auf die Wirksamkeit, die ich seit einigen Jahren im katholischen Leben hatte. Ich hatte mich gefügt. Aber nun waren ja die hemmenden Mauern eingestürzt. Meine Wirksamkeit war zu Ende. Und würde mich meine Mutter nicht lieber in einem Kloster in Deutschland wissen als an einer Schule in Südamerika? Am 30. April – es war der Sonntag vom Guten Hirten – wurde in der Ludgerikirche das Fest des hl. Ludgerus mit dreizehnstündigem Gebet gefeiert. Am späten Nachmittag

ging ich dorthin und sagte mir: Ich gehe nicht wieder fort, ehe ich Klarheit habe, ob ich jetzt in den Karmel gehen darf. Als der Schlußsegen gegeben war, hatte ich das Jawort des Guten Hirten.
TR 133

Ich betrachtete Beuron wie den Vorhof des Himmels, dachte aber nie daran, Benediktinerin zu werden, immer war es mir, als hätte der Herr mir im Karmel etwas aufgespart, was ich nur dort finden könnte.
TR 135

Der Messiasglaube ist bei den heutigen Juden, auch bei den gläubigen, fast verschwunden. Und fast ebenso der Glaube an ein ewiges Leben. Darum habe ich meiner Mutter weder die Konversion noch den Eintritt in den Orden je verständlich machen können. Und darum leidet sie jetzt natürlich wieder schwer unter der Trennung, ohne daß ich ihr etwas Tröstliches sagen kann. Ich muß ihr schreiben, aber ich darf nichts Wesentliches aussprechen. Ich kann nur darauf bauen, daß sie ihr Leben lang ein kindliches Gottvertrauen hatte und daß es ein Opferleben war. Und vielleicht werden gerade die Trennung von ihrem jüngsten Kind, das sie immer besonders geliebt hat, und die kleinen Hinweise, die ich doch manchmal gewagt habe, in der Tiefe der Seele Auseinandersetzungen bewirken, von denen nichts nach außen dringt. Spem suam Deo committere (Seine Hoffnung auf Gott setzen, Benediktusregel 4,41), sagt der hl. Vater Benediktus.

BII 61

Was man mir zum Trost sagen könnte? Menschlichen Trost gibt es freilich nicht, aber der das Kreuz auflegt, versteht es, die Last süß und leicht zu machen.

BII 127

Es ist gut, daran zu denken, daß wir unser Bürgerrecht im Himmel haben und die Heiligen des Himmels zu Mitbürgern und Hausgenossen. Dann trägt man leichter an den Dingen, quae sunt super terram (die auf der Erde sind). BII 135


Das „Scimus, quoniam diligentibus Deum..." (Wir wissen, denen, die Gott lieben... gereicht alles zum Besten, Röm. 8,28) wird gewiß auch meiner lieben Mutter zugute kommen, denn sie hat „ihren" lieben Gott (wie sie oft mit Nachdruck sagte) wirklich liebgehabt und im Vertrauen auf ihn viel Schweres getragen und viel Gutes getan. BII 64f


Jenes Wort aus dem Römerbrief (Röm. 8,28) war mein großer Trost und meine Freude im Sommer 1933 in Münster, als meine Zukunft noch völlig dunkel war. Ich habe die vielen Martyreroffizien der österlichen Zeit, in denen es ja so oft vorkommt, nie so von Herzen gebetet wie damals. Es muß auch jetzt meine Stütze sein. Meine Mutter war das starke

Band, das die Familie zusammenhielt, jetzt schon vier Generationen. Jetzt hält noch die Sorge um sie alle gefesselt, selbst die Enkel, die in fremden Erdteilen sind. Was dann kommt, wird für die Zurückbleibenden noch schwerer sein. Ich werde mein ganzes Leben hindurch für sie einstehen müssen, zusammen mit meiner Schwester Rosa, die im Glauben mit mir eins ist.

BII 65


Meine Briefe gehen auf Umwegen und brauchen lange, bis sie ans Ziel kommen. Wenn sie aber erst einmal dort sind, dann erfolgt sofort die Antwort. Natürlich muß auch da das meiste ungesagt bleiben. Es sind nur Zeichen, daß man durch räumliche Trennung nicht getrennt werden kann, wenn man in Gott vereint ist. Und das bliebe ja bestehen, wenn auch diese Zeichen noch fortfallen müßten.

BII 65

## Kreuz und Auferstehung

Vielen herzlichen Dank für den liebevollen Brief vom 23.11. Ich muß Ihnen sagen, daß ich meinen Ordensnamen schon als Postulantin mit ins Haus brachte. Ich erhielt ihn genau so, wie ich ihn erbat. Unter dem Kreuz verstand ich das Schicksal des Volkes Gottes, das sich damals schon anzukündigen begann. Ich dachte, die es verstünden, daß es das Kreuz Christi sei, die müßten es im Namen aller auf sich nehmen. Gewiß weiß ich heute mehr davon, was es heißt, dem Herrn im Zeichen des Kreuzes vermählt zu sein. Begreifen freilich wird man es niemals, weil es ein Geheimnis ist.

BII 124

Liebe Mutter, bitte, erlauben Sie mir, mich dem Herzen Jesu als Sühnopfer für den wahren Frieden anzubieten: daß die Herrschaft des Antichrist, wenn möglich, ohne einen neuen Weltkrieg zusammenbricht und eine neue Ordnung aufgerichtet werden kann. Ich möchte es heute noch, weil es die zwölfte Stunde ist. Ich weiß, daß ich ein Nichts bin, aber Jesus will es, und er wird gewiß in diesen Tagen noch viele andere dazu rufen. BII 133

Nicht die menschliche Tätigkeit kann uns helfen, sondern das Leiden Christi. Daran Anteil zu haben ist mein Verlangen. TR 135

## Testament

Schon jetzt nehme ich den Tod, den Gott mir zugedacht hat, in vollkommener Unterwerfung unter seinen heiligsten Willen mit Freuden entgegen. Ich bitte den Herrn, daß er mein Leben und Sterben annehmen möchte zu seiner Ehre und Verherrlichung, für alle Anliegen ... der Kirche, ... und damit der Herr von den Seinen aufgenommen werde und sein Reich komme in Herrlichkeit, für die Rettung Deutschlands und den Frieden der Welt, schließlich für meine Angehörigen, Lebende und Tote und alle, die mir Gott gegeben hat: daß keines von ihnen verlorengehe. WH 428

# QUELLENVERZEICHNIS

Aus folgenden Schriften von Edith Stein wurde zitiert:

BI  Selbstbildnis in Briefen. Erster Teil 1916 bis 1934. Edith Steins Werke Bd. VIII, hrsg. von L. Gelber u. R. Leuven (Druten – Freiburg, Basel, Wien 1976).

BII Selbstbildnis in Briefen. Zweiter Teil 1934 bis 1942. Edith Steins Werke Bd. IX, hrsg. von L. Gelber u. R. Leuven (Druten – Freiburg, Basel, Wien 1977).

EE  Endliches und Ewiges Sein. Versuch eines Aufstiegs zum Sinn des Seins. Edith Steins Werke Bd. II, hrsg. von L. Gelber u. R. Leuven (Freiburg, Basel, Wien ²1962).

F   Die Frau. Ihre Aufgabe nach Natur und Gnade. Edith Steins Werke Bd. V, hrsg. von L. Gelber u. R. Leuven (Louvain – Freiburg 1959).

GG  Waltraud Herbstrith, Gedichte und Gebete aus dem Nachlaß (Frankfurt 1975).

## Quellenverzeichnis

JF   Aus dem Leben einer jüdischen Familie. Das Leben Edith Steins: Kindheit und Jugend. Edith Steins Werke Bd. VII, hrsg. von L. Gelber u. R. Leuven (Louvain – Freiburg 1965).

KW  Kreuzeswissenschaft. Studie über Joannes a Cruce. Edith Steins Werke Bd. I, hrsg. von L. Gelber u. R. Leuven (Louvain – Freiburg ²1954).

PE   Zum Problem der Einfühlung. Inaugural-Dissertation. (Buchdruckerei des Waisenhauses, Halle 1917).

TR   Teresia Renata de Spiritu Sancto, Edith Stein – Schwester Teresia Benedicta a Cruce (Freiburg, vergriffen).

WG  Wege der Gotteserkenntnis. Die „symbolische Theologie" des Areopagiten und ihre sachlichen Voraussetzungen, in: „Tijdschrift voor Philosophie" 8. Jahrgang, Nummer 1, Febr. 1946.

WH  Waltraud Herbstrith, Leben, das sich lohnt. Teresa von Ávila – Therese von Lisieux – Edith Stein. Trilogie (Frankfurt 1977).

WP  Welt und Person. Beitrag zum christlichen Wahrheitsstreben. Edith Steins Werke Bd. VI, hrsg. von L. Gelber u. R. Leuven (Louvain – Freiburg 1962).

WS Waltraud Herbstrith, Edith Stein – Wege zur inneren Stille (Frankfurt 1978).

Herausgeberin und Verlag danken dem Verlag Kaffke für die Erlaubnis zum Abdruck einer Reihe von Textauszügen aus den dort erschienenen Werken über Edith Stein.